школа - tulunghaan	2
путешествие - biyahe	5
транспорт - transportasyon	8
город - siyudad	10
ландшафт - talan-awon	14
ресторан - restawran	17
супермаркет - supermarket	20
напитки - ilimnon	22
еда - pagkaon	23
ферма - umahan	27
дом - balay	31
гостиная - sala	33
кухня - kusina	35
ванная комната - banyo	38
детская комната - kwarto sa bata	42
одежда - bisti	44
офис - buhatan	49
экономика - ekonomiya	51
профессии - mga trabaho	53
инструменты - mga gamit	56
музыкальные инструменты - mga instrumento sa musika	57
зоопарк - zoo	59
спорт - sports	62
действия - mga kalihokan	63
семья - pamilya	67
тело - lawas	68
больница - ospital	72
неотложный случай - emergency	76
земля - yuta	77
часы - orasan	79
неделя - semana	80
год - tuig	81
формы - mga porma	83
цвета - mga kolor	84
противоположности - kaatbang	85
цифры - mga numero	88
языки - mga pinulongan	90
кто / что / как - kinsa / unsa / unsaon	91
где - diin	92

Impressum
Verlag: BABADADA GmbH, Nedderfeld 112 , 22529 Hamburg
Geschäftsführer / Verlagsleitung: Harald Hof
Druck: Books on Demand GmbH, In de Tarpen 42, 22848 Norderstedt

Imprint
Publisher: BABADADA GmbH, Nedderfeld 112 , 22529 Hamburg, Germany
Managing Director / Publishing direction: Harald Hof
Print: Books on Demand GmbH, In de Tarpen 42, 22848 Norderstedt, Germany

школа
tulunghaan

- делить / bahinon
- доска / board
- классная комната / magparehistro
- школьный двор / natad sa tulunghaan
- учитель / magtutudlo
- бумага / papel
- писать / isulat
- ручка / bolpen
- письменный стол / lamesa
- линейка / ruler
- книга / libro
- ученик / estudyante

ранец
bag

пенал
sudlanan sa lapis

карандаш
lapis

точилка
panhait sa lapis

ластик
rubber

альбом для рисования
drawing pad

рисунок
drowing

кисточка
brush sa pintal

коробка красок
kahon sa pintal

ножницы
gunting

клей
papilit

тетрадь
libro sa ehersisyo

домашняя работа
homework

цифра
gidaghanon

прибавлять
idugang

вычитать
kuhai

умножать
i-multiply

считать
kuwentaha

буква
sulat

алфавит
alpabeto

слово
pulong

школа - tulunghaan

текст teksto	читать pagbasa	мел chalk
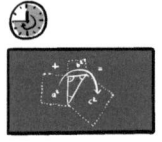		
урок leksyon	классный журнал magparehistro	экзамен pagsusi

диплом sertipiko	школьная форма uniporme sa eskwelahan	образование edukasyon

энциклопедия ensiklopedya	университет unibersidad	микроскоп mikroskopyo
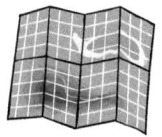		
карта mapa	корзина для бумаг paperbasket sa basura	

школа - tulunghaan

путешествие
biyahe

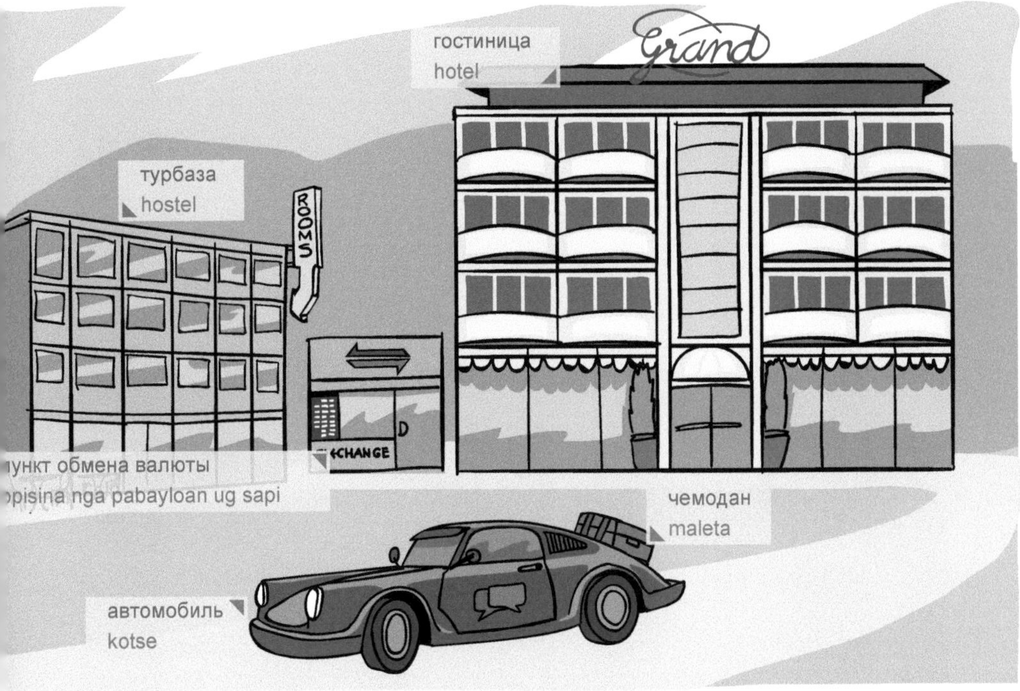

- гостиница / hotel
- турбаза / hostel
- пункт обмена валюты / opisina nga pabayloan ug sapi
- чемодан / maleta
- автомобиль / kotse

язык
pinulongan

да / нет
oo / dili

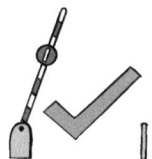

хорошо
Okay

Привет
kumusta

переводчик
maghuhubad

Спасибо
Salamat

Сколько стоит...?
tagpila ang

Я не понимаю
Dili ako makasabut sa

проблема
problema

Добрый вечер!
Maayong gabii!

Доброе утро!
Maayong buntag

Доброй ночи!
Maayong gabii

До свидания
babay

направление
direksyon

багаж
bagahe

сумка
bag

рюкзак
backpack

гость
bisita

комната
kwarto

спальный мешок
bag nga katulganan

палатка
tolda

путешествие - biyahe

туристическая
информация
informasyon sa mga turista

пляж
baybayon

кредитная карточка
credit card

завтрак
pamahaw

обед
paniudto

ужин
panihapon

билет
tiket

лифт
elebeytor

почтовая марка
selyo

граница
utlanan

таможня
mga kostumbre

посольство
embahada

виза
visa

паспорт
pasaporte

путешествие - biyahe

транспорт
transportasyon

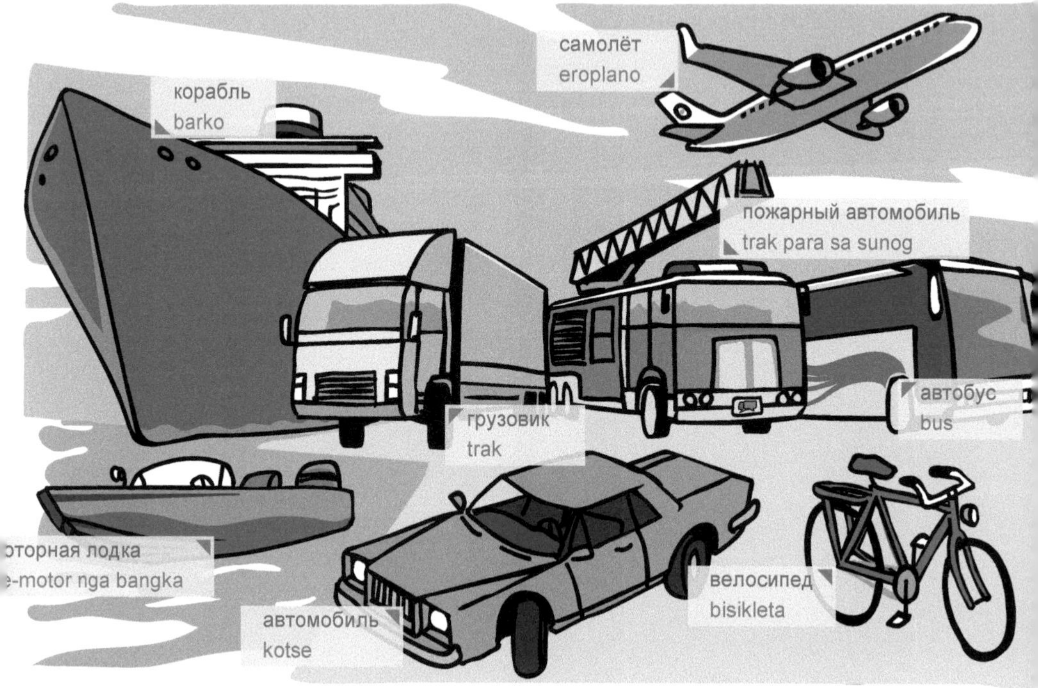

самолёт
eroplano

корабль
barko

пожарный автомобиль
trak para sa sunog

автобус
bus

грузовик
trak

моторная лодка
de-motor nga bangka

велосипед
bisikleta

автомобиль
kotse

паром
sakayan

лодка
sakayan

мотоцикл
motorsiklo

полицейский автомобиль
sakyanan sa polis

гоночный автомобиль
awto para panlumba

арендованный автомобиль
giabangan nga awto

совместное пользование
автомобилями
pag-ambit sa awto

буксировочный
автомобиль
tow truck

мусоровоз
trak sa basura

двигатель
motor

топливо
gasolina

заправка
gasolinahan

дорожный знак
simbolo sa trapiko

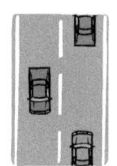

движение
trapiko

пробка
huot nga trapiko

автостоянка
lugar nga paradahan

вокзал
estasyon sa tren

рельсы
riles

поезд
tren

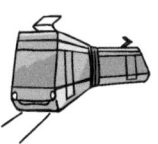

трамвай
tram

вагон
karomata

транспорт - transportasyon

вертолёт

helicopter

аэропорт

tugpahanan

вышка

torre

пассажир

pasahero

контейнер

sudlanan

коробка

karton

тележка

kariton

корзина

bukag

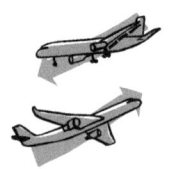

взлетать / приземляться

paghawa / pag-abot

город
siyudad

деревня

balangay

центр города

sentro sa siyudad

дом

balay

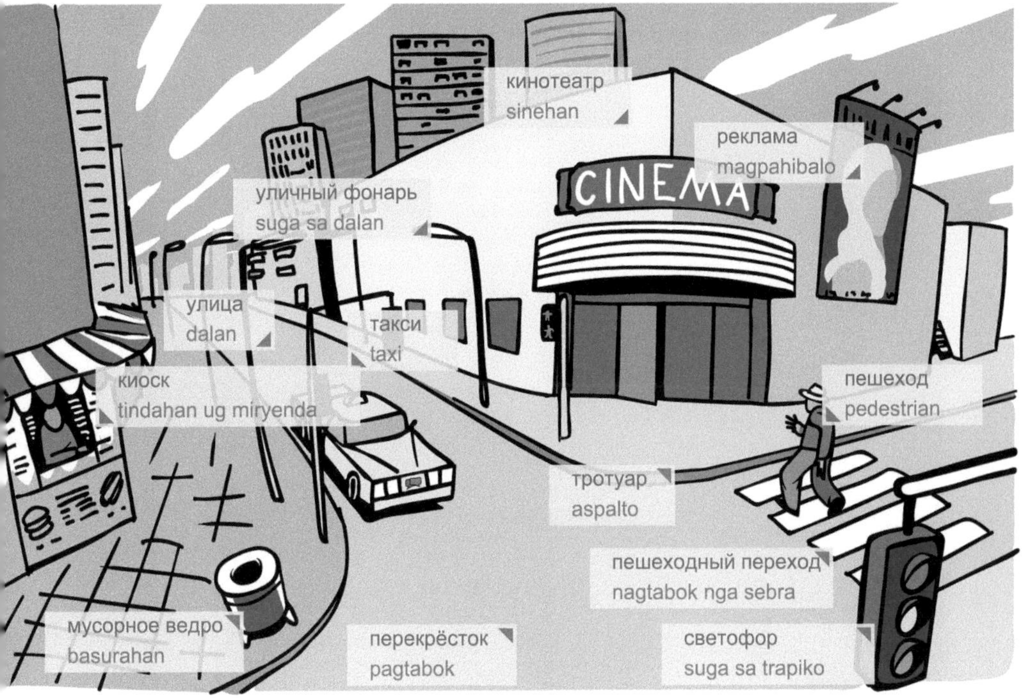

кинотеатр / sinehan

реклама / magpahibalo

уличный фонарь / suga sa dalan

улица / dalan

такси / taxi

киоск / tindahan ug miryenda

пешеход / pedestrian

тротуар / aspalto

пешеходный переход / nagtabok nga sebra

мусорное ведро / basurahan

перекрёсток / pagtabok

светофор / suga sa trapiko

хижина
payag

квартира
patag

вокзал
estasyon sa tren

ратуша
munisipyo

музей
museum

школа
tulunghaan

город - siyudad

университет
unibersidad

банк
bangko

больница
ospital

гостиница
hotel

аптека
parmasya

офис
buhatan

книжный магазин
tindahan ug libro

магазин
shop

цветочный магазин
tindahan ug bulak

супермаркет
supermarket

рынок
merkado

универмаг
department store

торговец рыбой
tindahan sa isda

торговый центр
shopping center

порт
dunggoanan

город - siyudad

парк
parke

скамейка
bangko

мост
tulay

лестница
hagdanan

метро
ilalom sa yuta

тоннель
tunel

автобусная остановка
hunonganan sa bus

бар
bar

ресторан
restawran

почтовый ящик
kahon sa sulat

табличка с названием улицы
ilhanan sa dalan

паркометр
parking meter

зоопарк
zoo

бассейн
swimming pool

мечеть
mosque

город - siyudad

ферма
umahan

загрязнение окружающей среды
polusyon

кладбище
lubnganan

церковь
simbahan

детская площадка
dulaanan

храм
templo

ландшафт
talan-awon

- лист — dahon
- дорожный указатель — ilhanan sa direksyon
- дорога — dalan
- луг — kasagbutan
- камень — bato
- дерево — kahoy
- путешественник — tigbaktas
- река — suba
- трава — sagbot
- цветок — bulak

долина
walog

гора
bungtod

озеро
linaw

лес
kalasangan

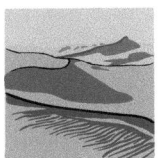
пустыня
disyerto

вулкан
bulkan

замок
kastilyo

радуга
balangaw

гриб
uhong

пальма
palma nga kahoy

комар
lamok

муха
langaw

муравей
hulmigas

пчела
buyog

паук
lawa-lawa

ландшафт - talan-awon

жук
bakukang

лягушка
baki

белка
eskwirel

еж
ilaga sa humayan

заяц
liebre

сова
ngiw-ngiw

птица
langgam

лебедь
sisne

кабан
baboy

олень
usa

лось
moose

плотина
dam

ветряной генератор
turbina sa hangin

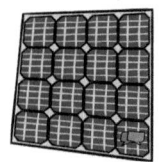

солнечная батарея
solar panel

климат
klima

ландшафт - talan-awon

ресторан
restawran

- официант / waiter
- меню / menu
- стул / lingkuranan
- суп / sabaw
- пицца / pizza
- столовые приборы / kubyertos
- скатерть / mantel

закуска
pagsugod

главное блюдо
una nga pagkaon

десерт
hinam-is

напитки
ilimnon

еда
pagkaon

бутылка
botelya

фастфуд
fastfood

уличная еда
pagkaon sa kalye

чайник
teapot

сахарница
kahon sa asukar

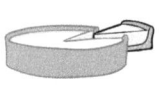
порция
bahin

кофеварка
espresso machine

детский стульчик
taas nga lingkuranan

счет
bayranan

поднос
tray

нож
kutsilyo

вилка
tinidor

ложка
kutsara

чайная ложка
kutsarita

салфетка
serviette

стакан
bildo

ресторан - restawran

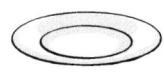  

тарелка — plato

суповая тарелка — plato sa sabaw

блюдце — platito

 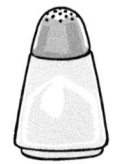 

соус — sawsawan

солонка — tig-uyog sa asin

мельница для перца — panggiling sa paminta

  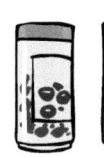

уксус — suka

масло — lana

специи — panakot

кетчуп — ketchup

горчица — mustasa

майонез — mayonnaise

супермаркет
supermarket

специальное предложение
espesyal nga tanyag

покупатель
kustomer

молочные продукты
produkto nga gatas

фрукты
prutas

тележка для покупок
trolley

мясной магазин

mag-iihaw

пекарня

panaderya

взвешивать

timbang

овощи

utanon

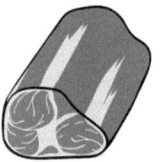

мясо

karne

быстрозамороженные продукты

frozen nga pagkaon

супермаркет - supermarket

нарезка
bugnaw nga karne

консервы
delata nga pagkaon

стиральный порошок
panglaba nga powder

сладости
tam-is

предмет домашнего обихода
mga produkto sa panimalay

моющее средство
panglimpyo nga mga produkto

продавщица
tindero/tindero

касса
cash register

кассир
kahera

список покупок
listahan sa palitonon

время работы
mga oras sa pag-abli

бумажник
pitaka

кредитная карточка
credit card

сумка
bag

полиэтиленовый пакет
plastic bag

супермаркет - supermarket

напитки
ilimnon

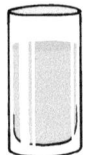

вода

tubig

сок

juice

молоко

gatas

кока-кола

coke

вино

bino

пиво

beer

алкоголь

alkohol

какао

kakaw

чай

tsa

кофе

kape

эспрессо

espresso

капучино

cappucino

еда
pagkaon

банан
saging

яблоко
mansanas

апельсин
orange

арбуз
melon

лимон
limon

морковь
karot

чеснок
ahos

бамбук
kawayan

лук
sibuyas

гриб
uhong

орехи
mani

лапша
pansit

спагетти	рис	салат
spaghetti	bugas	salad

картофель фри	жареный картофель	пицца
chips	pinirito nga patatas	pizza

гамбургер	сэндвич	шницель
hamburger	sandwich	piraso sa karne nga walay bukog

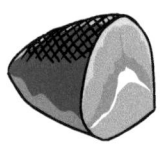

ветчина	салями	колбаса
hamon	salami	soriso

курица	жаркое	рыба
manok	sinugba	isda

овсяные хлопья

lugaw nga oats

мюсли

muesli

кукурузные хлопья

mga cornflake

мука

harina

круассан

croissant

булочка

linukot nga tinapay

хлеб

pan

тост

tostada

печенье

mga biskwit

масло

mantikilya

творог

curd

пирог

cake

яйцо

itlog

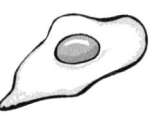

яичница

pritong itlog

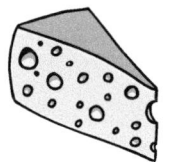

сыр

keso

мороженое
ice cream

сахар
asukar

мёд
dugos

мармелад
jam

крем с нугой
nougat cream

карри
curry

ферма
umahan

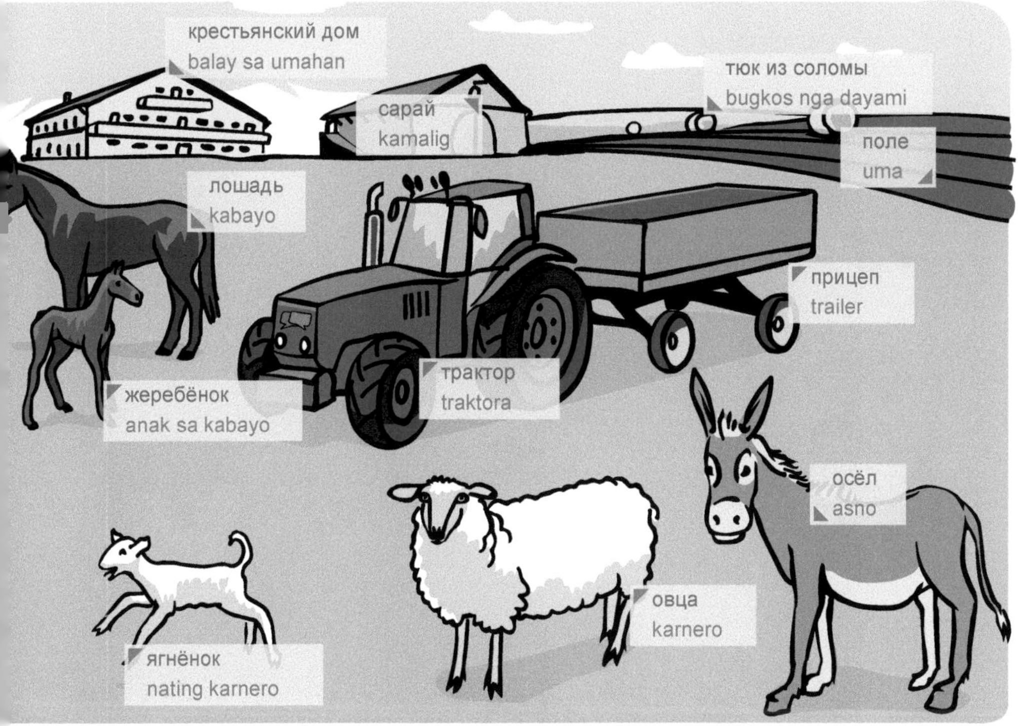

крестьянский дом
balay sa umahan

сарай
kamalig

тюк из соломы
bugkos nga dayami

поле
uma

лошадь
kabayo

прицеп
trailer

жеребёнок
anak sa kabayo

трактор
traktora

осёл
asno

овца
karnero

ягнёнок
nating karnero

коза
kanding

корова
baka

телёнок
nating baka

свинья
baboy

поросёнок
baktin

бык
baka nga lake

ферма - umahan   27

гусь
gansa

утка
itik

цыплёнок
piso

курица
himungaan

петух
cockrel

крыса
ilaga

кошка
iring

мышь
ilaga

вол
toro

собака
iro

конура
balay sa iro

садовый шланг
hose sa tanaman

лейка
lata nga pamisbis

коса
scythe

плуг
daro

ферма - umahan

серп
galab

мотыга
sarol

навозные вилы
pang-kahig

топор
hatsa

тачка
karetilya

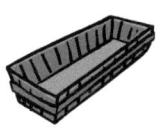

корыто
pasung

бидон для молока
lata sa gatas

мешок
sako

забор
koral

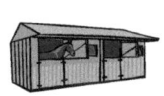

хлев
lig-on

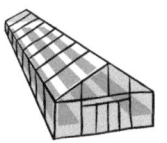

теплица
greenhouse

почва
yuta

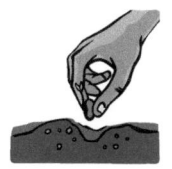

посев
binhi

удобрение
abono

комбайн
combine harvester

ферма - umahan

 собирать урожай ting-ani	 урожай ting-ani	 ямс mga ubi
 пшеница trigo	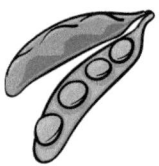 соя soya	 картофель patatas
 кукуруза mais	 рапс rapeseed	 фруктовое дерево kahoy nga mamunga
 маниок kamoteng kahoy	 злаки pagkaon nga mga lugas	

ферма - umahan

дом
balay

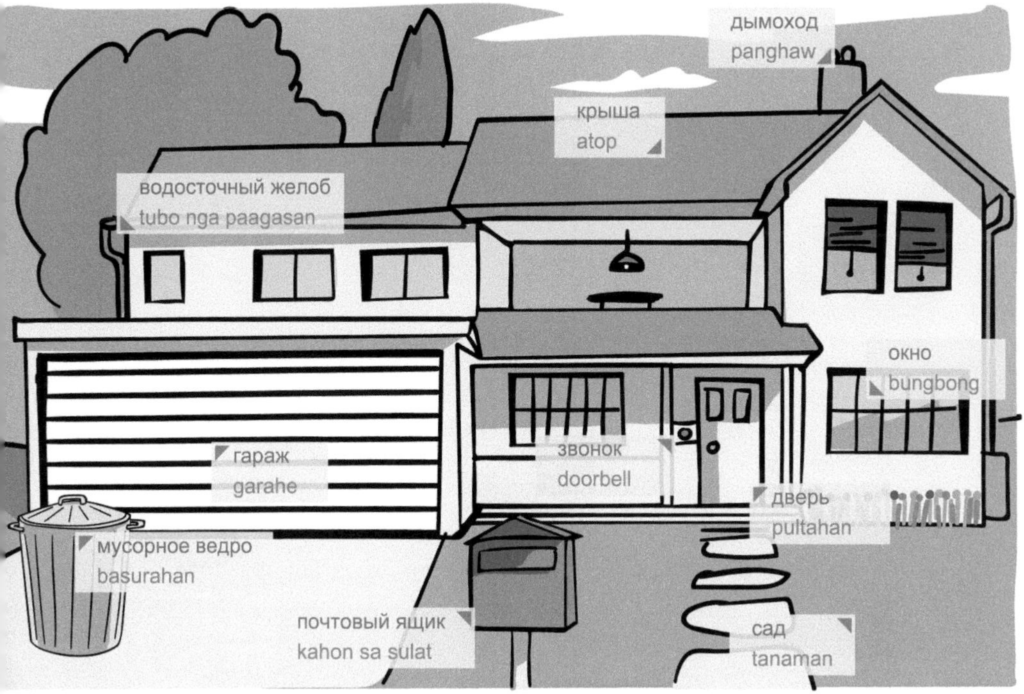

дымоход / panghaw
крыша / atop
водосточный желоб / tubo nga paagasan
окно / bungbong
гараж / garahe
звонок / doorbell
дверь / pultahan
мусорное ведро / basurahan
почтовый ящик / kahon sa sulat
сад / tanaman

гостиная
sala

ванная комната
banyo

кухня
kusina

спальня
kwarto nga higdaanan

детская комната
kwarto sa bata

столовая
kan-anan

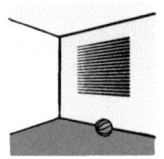 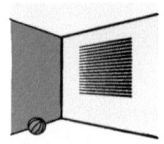 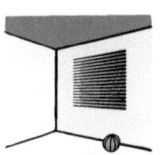

пол	стена	потолок
salog	dingding	kisame

подвал	сауна	балкон
bodega sa bino	sauna	balkonahe

 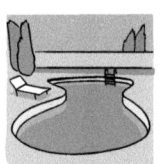 

терраса	бассейн	газонокосилка
terasa	pool	lawnmover

  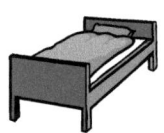

пододеяльник	покрывало	кровать
piraso nga papel	kobrekama	higdaanan

метла	ведро	выключатель
silhig	balde	pindutan

дом - balay

гостиная
sala

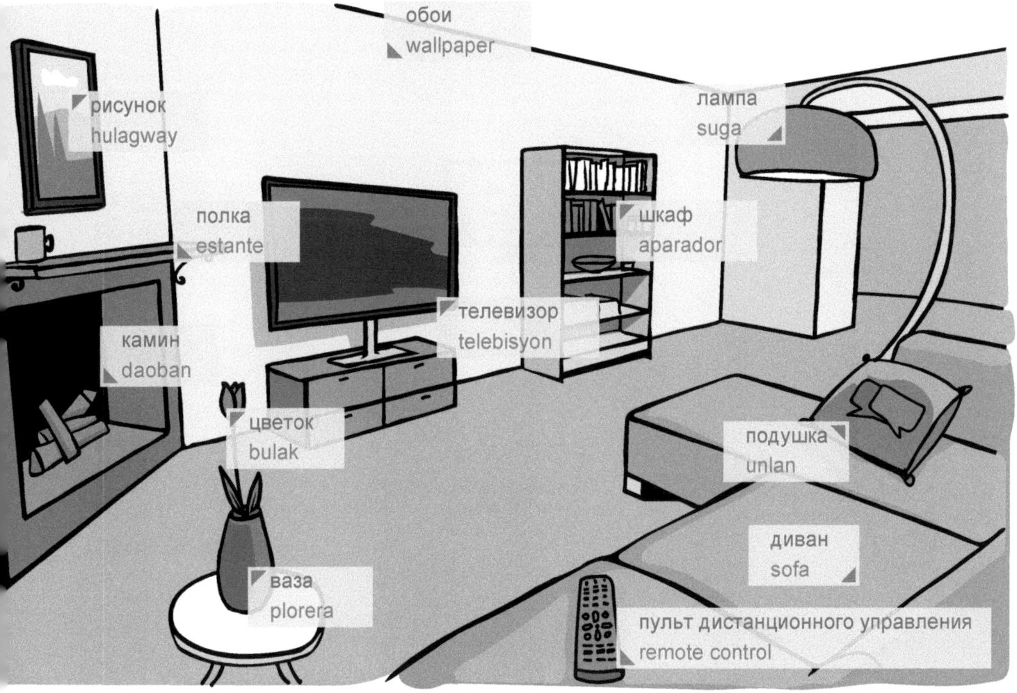

- обои / wallpaper
- рисунок / hulagway
- лампа / suga
- полка / estante
- шкаф / aparador
- камин / daoban
- телевизор / telebisyon
- цветок / bulak
- подушка / unlan
- ваза / plorera
- диван / sofa
- пульт дистанционного управления / remote control

ковёр
karpet

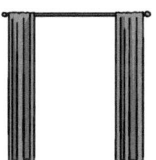

штора
kurtina

стол
lamesa

стул
lingkuranan

кресло-качалка
rocking chair

кресло
lingkuranan

книга	покрывало	украшение
libro	habol	dekorasyon

дрова	фильм	стереосистема
sugnod	pelikula	hi-fi

ключ	газета	картина
yawe	mantalaan	hulagway

плакат	радио	блокнот
poster	radyo	notebook

пылесос	кактус	свеча
vacuum cleaner	kaktus	kandila

гостиная - sala

кухня
kusina

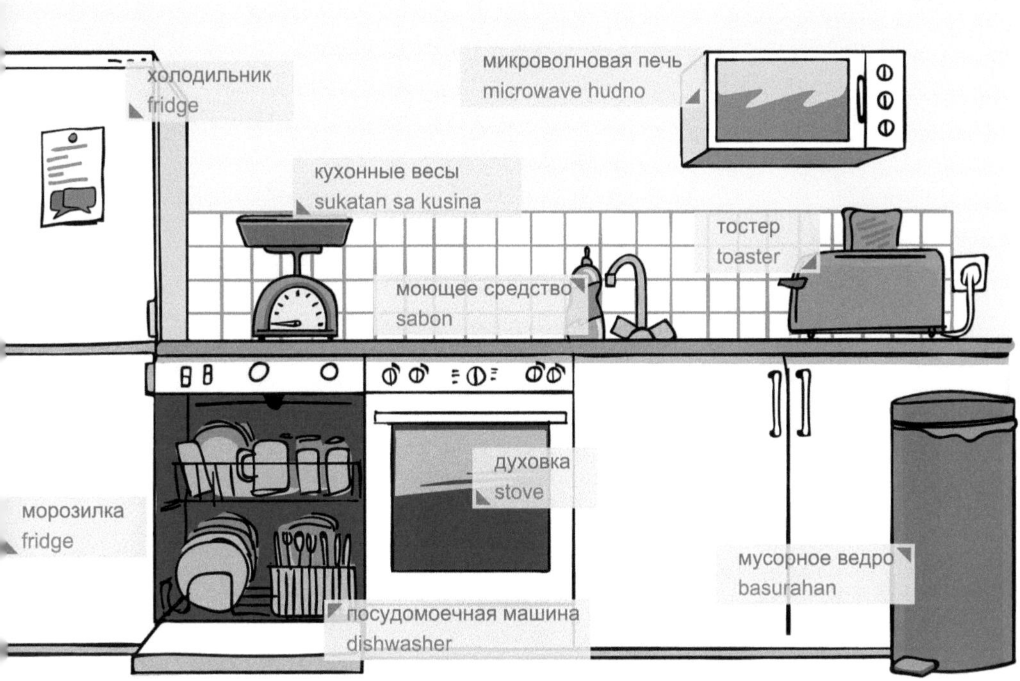

- холодильник / fridge
- микроволновая печь / microwave hudno
- кухонные весы / sukatan sa kusina
- моющее средство / sabon
- тостер / toaster
- морозилка / fridge
- духовка / stove
- мусорное ведро / basurahan
- посудомоечная машина / dishwasher

плита
lutuan

кастрюля
kolon

чугунный котелок
puthaw nga kaldero

вок / кадай
wok / kadai

сковорода
kalaha

чайник
takure

пароварка
steamer

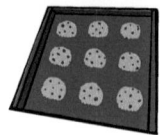

противень
baking tray

посуда
crockery

кружка
mug

миска
panaksan

палочки для еды
chopstick

половник
luwag

лопатка
spatula

сбивалка
whisk

сито
salaan

сито
salaan

тёрка
pangkudkod

ступка
pinagba

гриль
barbecue

костёр
bukas nga kalayo

кухня - kusina

доска
tadtaran

скалка
rolling pin

штопор
corcscrew

жестяная банка
lata

консервный нож
pang-abli sa lata

прихватка
panapton para sa kolon

раковина
lababo

щетка
brush

губка
espongha

миксер
blender

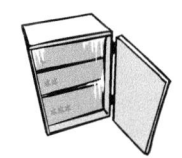

морозильная камера
prisir

бутылочка для кормления
beberon

кран
gripo

кухня - kusina

ванная комната
banyo

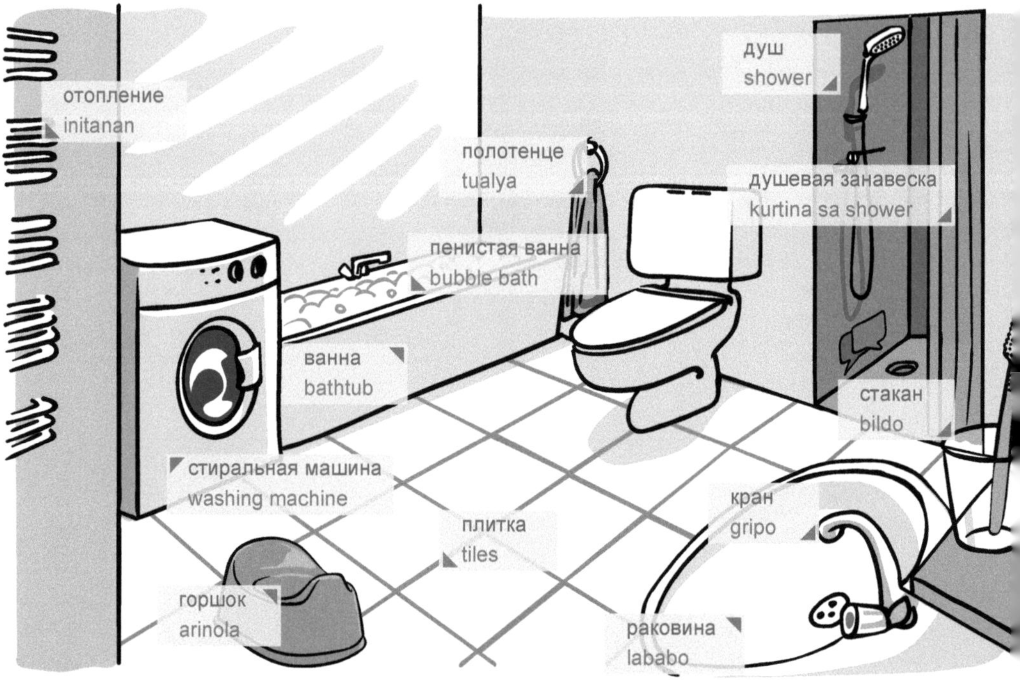

отопление / initanan
душ / shower
полотенце / tualya
душевая занавеска / kurtina sa shower
пенистая ванна / bubble bath
ванна / bathtub
стакан / bildo
стиральная машина / washing machine
кран / gripo
плитка / tiles
горшок / arinola
раковина / lababo

туалет

kasilyas

напольный унитаз

squat nga kasilyas

биде

bidet

писсуар

ihian

туалетная бумага

toilet paper

ершик

iskoba sa kasilyas

зубная щетка

toothbrush

зубная паста

toothpaste

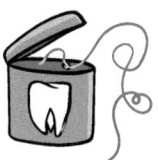

зубная нить

dental floss

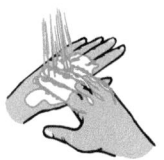

мыть

panglaba

ручной душ

makuptan nga shower

интимный душ

douche

таз

palanggana

щетка для спины

brush para sa likod

мыло

sabon

гель для душа

shower gel

шампунь

shampoo

мочалка

flannel

сток

paagasan

крем

creme

дезодорант

deodorant

ванная комната - banyo

зеркало
samin

ручное зеркало
makuptan nga samin

бритва
barbas

пена для бритья
bula nga pang-ahit

лосьон после бритья
aftershave

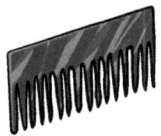

расческа
sudlay

щетка
brush

фен
pampauga sa buhok

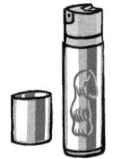

лак для волос
hairspray

косметика
makeup

губная помада
lipstick

лак для ногтей
pampakintab sa kuko

вата
gapas nga balhibo sa karnero

маникюрные ножницы
gunting sa kuko

духи
pahumot

косметичка — washbag

табуретка — tumbanan

весы — mga timbangan

халат — bathrobe

резиновые перчатки — goma nga guwantes

тампон — tampon

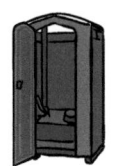

гигиеническая прокладка — limpyo nga tualya

биотуалет — kemikal para sa kasilyas

ванная комната - banyo

детская комната
kwarto sa bata

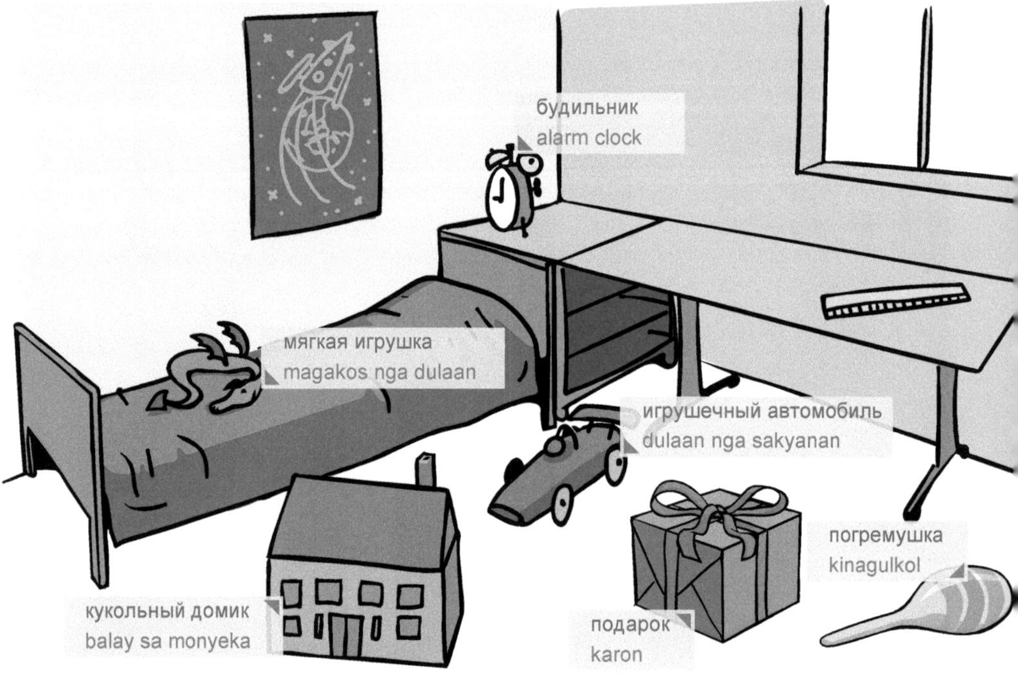

будильник
alarm clock
мягкая игрушка
magakos nga dulaan
игрушечный автомобиль
dulaan nga sakyanan
погремушка
kinagulkol
кукольный домик
balay sa monyeka
подарок
karon

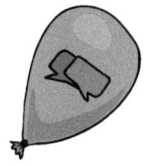

воздушный шар

lobo

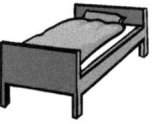

кровать

higdaanan

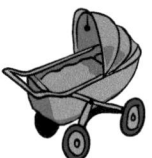

детская коляска

pram

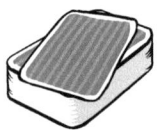

карточная игра

hanay sa mga baraha

пазл

jigsaw

SUPER MEGA

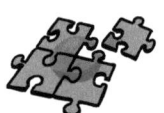

комикс

komik

кирпичики Лего

lego bricks

кубики

dulaan nga mga bloke

игрушечная фигурка

action figure

ползунки

pagtubo sa bata

фрисби

frisbee

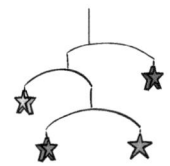

мобиле

mobile

настольная игра

game board

кубик

dice

модель железной дороги

model nga set sa tren

соска

dummy

вечеринка

party

книга с картинками

hulagway nga basahon

мяч

bola

кукла

monyeka

играть

pagduwa

детская комната - kwarto sa bata

песочница
sandpit

качели
tabyog

игрушка
mga dulaan

игровая приставка
video game console

трёхколесный велосипед
traysikol

плюшевый медвежонок
teddy bear

шкаф для одежды
wardrobe

одежда
bisti

носки
medyas

чулки
stockings

колготки
pantyhose

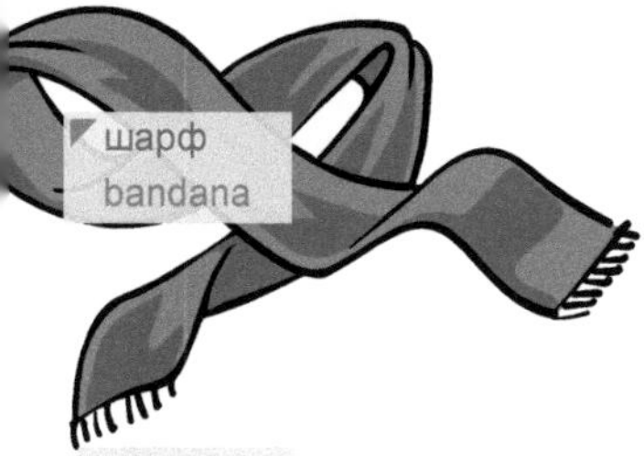

шарф
bandana

зонтик
payong

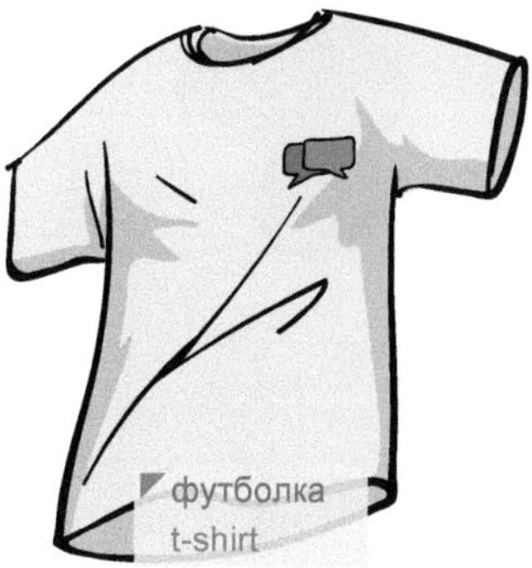

футболка
t-shirt

ремень
bakos

тапки
tsinelas

сапоги
botas

кроссовки
sneakers

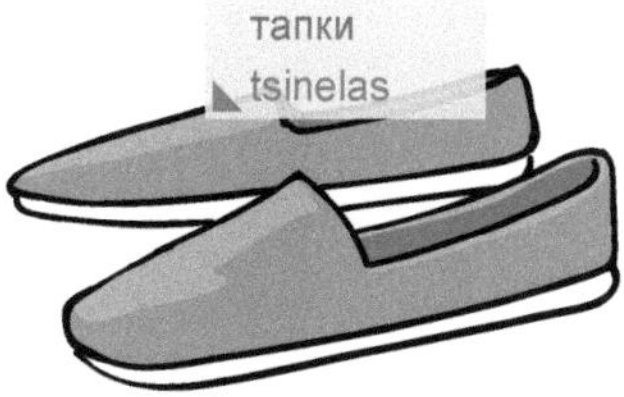

сандалии
sandalyas

ботинки
sapatos

резиновые сапоги
goma nga botas

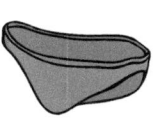

трусы
nagpurol

бюстгальтер
bra

майка
singlet

одежда - bisti

боди
lawas

брюки
karsones

джинсы
maong

юбка
sayal

блузка
blusa

рубашка
kamiseta

свитер
pullover

свитер
suwiter

спортивная куртка
blazer

жакет
jacket

пальто
kapa

плащ
kapote

костюм
costume

платье
sinina

свадебное платье
pangkasal nga sinina

мужской костюм
terno

ночная сорочка
nightgown

пижама
pajama

сари
sari

платок
bandana sa ulo

тюрбан
purong

паранджа
burqa

кафтан
kaftan

абайя
abaya

купальник
swimsuit

плавки
trunks

шорты
short

спортивный костюм
tracksuit

фартук
apron

перчатки
guwantis

одежда - bisti

пуговица
butones

очки
baso

браслет
pulseras

цепочка
kwentas

кольцо
singsing

серьга
ariyos

шапка
kalo

вешалка
hanger sa kapa

шляпа
kalo

галстук
tie

застежка молния
zip

шлем
helmet

подтяжки
mga brace

школьная форма
uniporme sa eskwelahan

форма
uniporme

48   одежда - bisti

детский нагрудник

bib

соска

dummy

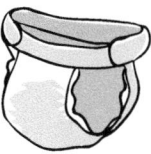

подгузник

lampin

офис
buhatan

- сервер / server
- канцелярский шкаф / kabinet sa file
- принтер / printer
- монитор / monitor
- бумага / papel
- письменный стол / lamesa
- мышь / mouse
- папка / polder
- клавиатура / keyboard
- корзина для бумаг / paperbasket sa basura
- компьютер / kompyuter
- стул / bangko

кофейная кружка

tasa sa kape

калькулятор

calculator

интернет

internet

офис - buhatan

ноутбук
laptop

письмо
sulat

сообщение
mensahe

мобильный телефон
mobile

сеть
network

ксерокс
photocopier

программа
software

телефон
telepono

розетка
saksakan

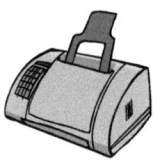
факс
fax machine

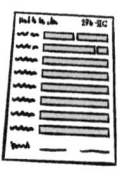
формуляр
porma

документ
dokumento

экономика
ekonomiya

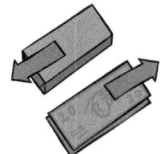
покупать
pagpalit

платить
pagbayad

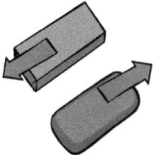
торговать
pagbaligya

деньги
salapi

доллар
dolyar

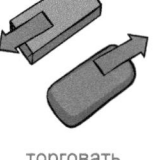
евро
euro

иена
yen

рубль
ruble

франк
swiss franc

жэньминьби юань
renminbi yuan

рупия
rupee

банкомат
cash point

пункт обмена валюты
opisina nga pabayloan ug sapi

золото
bulawan

серебро
silver

нефть
lana

энергия
enerhiya

цена
presyo

договор
kontrata

налог
buhis

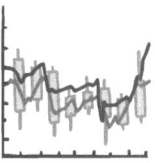

акция
stock

работать
buhat

служащий
empleyado

работодатель
amo

фабрика
pabrika

магазин
shop

экономика - ekonomiya

профессии
mga trabaho

милиционер
opisyal sa pulisya

пожарный
bombero

пилот
piloto

повар
tagaluto

врач
doktor

садовник
hardinero

столяр
panday

швея
mananahi

судья
maghuhukom

химик
kemiko

актёр
artista

водитель автобуса

таксист

рыбак

drayber sa bus

drayber sa taksi

mangingisda

уборщица

кровельщик

официант

tagalimpyo

tigtukod ug atop

waiter

охотник

художник

пекарь

mangangayam

pintor

panadero

электрик

строитель

инженер

elektrisyan

magtutukod

inhenyero

мясник

сантехник

почтальон

mangingihaw

tubero

kartero

профессии - mga trabaho

солдат
sundalo

архитектор
arkitekto

кассир
kahera

флорист
tagatinda ug buwak

парикмахер
tig-ayog buhok

кондуктор
konduktor

механик
mekaniko

капитан
kapitan

зубной врач
dentista

ученый
syentista_1159

раввин
rabbi

имам
imam

монах
monghe

священник
klerigo

профессии - mga trabaho

инструменты
mga gamit

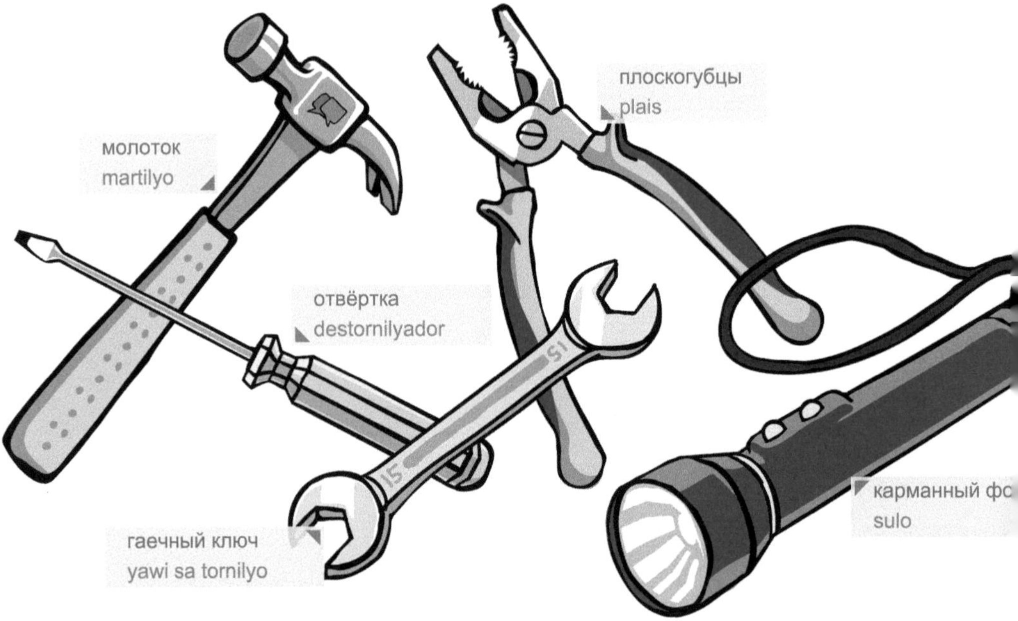

молоток
martilyo

плоскогубцы
plais

отвёртка
destornilyador

гаечный ключ
yawi sa tornilyo

карманный фо
sulo

экскаватор

pangkalot

ящик для инструментов

sudlanag hiramenta

стремянка

hagdan

пила

gabas

гвозди

mga lansang

дрель

barina

ремонтировать
pag-ayo

лопата
pala

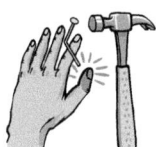
Блин!
Buwisit

совок
dustpan

ведро с краской
sudlanan sa pintal

винты
mga tornilyo

музыкальные инструменты
mga instrumento sa musika

ударный инструмент
drumset

громкоговоритель
loud speaker

гитара
gitara

контрабас
double bass

труба
trompeta

музыкальные инструменты - mga instrumento sa musika 57

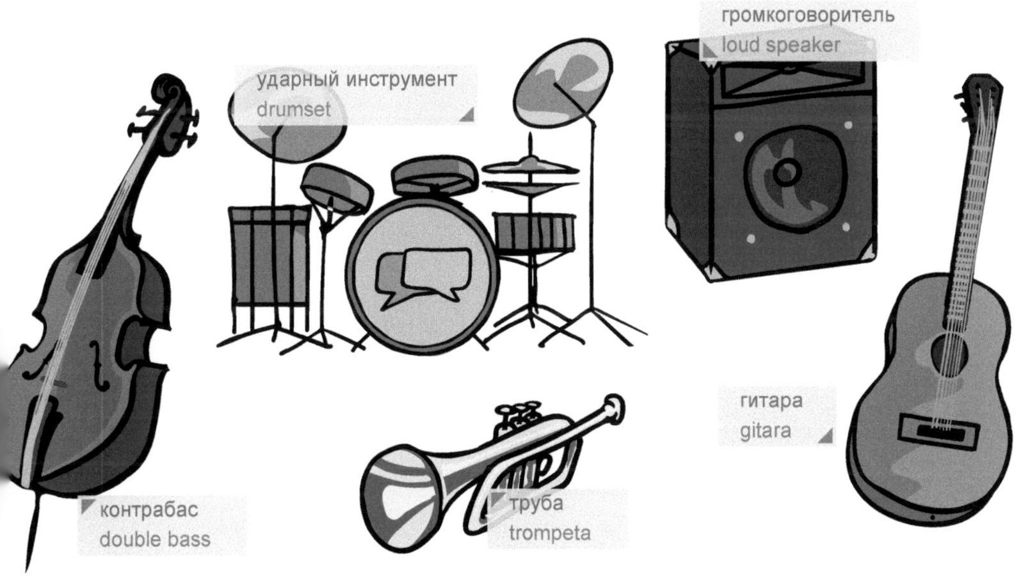

пианино
piano

скрипка
biyolin

бас-гитара
bass

литавры
timpani

барабан
drums

синтезатор
keyboard

саксофон
saksopon

флейта
flauta

микрофон
mikropono

зоопарк
zoo

вход
pultahan

тигр
tigre

клетка
halwa

зебра
sebra

корм
pagkaon sa hayop

панда
panda

животные
mga mananap

слон
elepante

кенгуру
kangaroo

носорог
rhino

горилла
gorilya

медведь
oso

верблюд
kamelyo

страус
ostrich

лев
leon

обезьяна
unggoy

фламинго
flamingo

попугай
piriko

белый медведь
polar bear

пингвин
penguin

акула
iho

павлин
paboreal

змея
bitin

крокодил
buaya

служитель зоопарка
tigbantay og zoo

тюлень
seal

ягуар
jaguar

пони
gamay nga kabayo

леопард
leopardo

бегемот
hipo

жираф
dyirap

орёл
agila

кабан
baboy

рыба
isda

черепаха
pawikan

морж
walrus

лиса
singgalong

газель
lagsaw

зоопарк - zoo

спорт
sports

действия
mga kalihokan

- смеяться — katawa
- прыгать — ambak
- обнимать — gakos
- идти — paglakaw
- петь — kanta
- мечтать — damgo
- молиться — pag-ampo
- целовать — halok

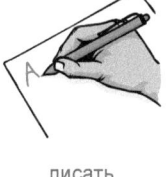

писать
isulat

рисовать
pagguhit

показывать
ipakita

нажимать
itulod

давать
ihatag

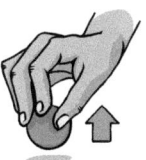

брать
kuhaa

иметь
adunay

делать
pagbuhat

быть
nga

стоять
tindog

бежать
dagan

тянуть
biraha

бросать
ilabay

падать
mahulog

лежать
higda

ждать
maghulat

носить
dalha

сидеть
lingkod

надевать
pag-ilis

спать
katulog

просыпаться
pagmata

действия - mga kalihokan

рассматривать
tan-awa

плакать
hilak

гладить
stroke

причесывать
panudlay

говорить
sulti

понимать
makasabut

спрашивать
mangutana

слушать
pamati

пить
inom

кушать
kaon

наводить порядок
paghipos

любить
higugmaa

готовить
magluto

ехать
pagdrayb

летать
lupad

действия - mga kalihokan

ходить под парусом

layag

считать

kuwentaha

читать

pagbasa

учиться

makakat-on

работать

buhat

вступать в брак

magminyo

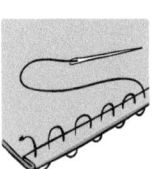

шить

pagtahi

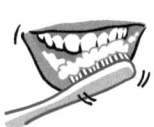

чистить зубы

panutbras

убивать

pagpatay

курить

aso

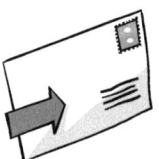

отправлять

ipadala

действия - mga kalihokan

семья
pamilya

- бабушка — apohan nga babaye
- дедушка — apohan nga lalaki
- папа — amahan
- мама — inahan
- младенец — bata
- дочь — anak nga babaye
- сын — anak nga lalake

гость
bisita

тетя
iyaan

дядя
uyoan

брат
igsoon

сестра
igsoon nga babaye

семья - pamilya

тело
lawas

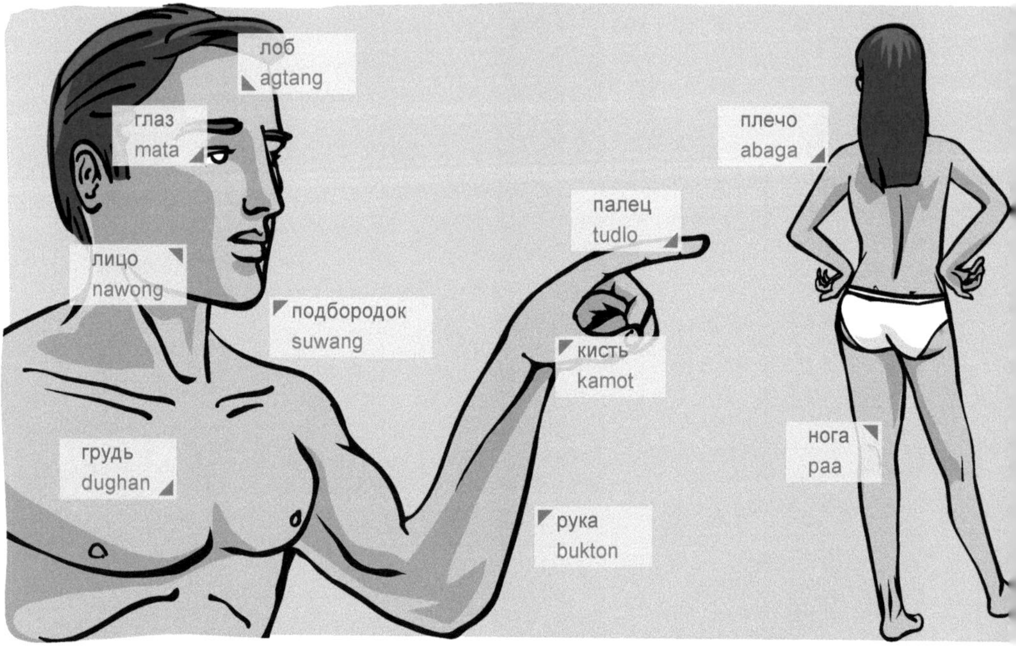

лоб — agtang
глаз — mata
лицо — nawong
подбородок — suwang
грудь — dughan
плечо — abaga
палец — tudlo
кисть — kamot
рука — bukton
нога — paa

младенец
bata

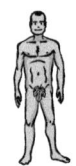

мужчина
tawo

женщина
babaye

девочка
bata nga babaye

мальчик
bata nga lalaki

голова
ulo

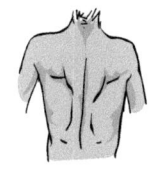
спина
balik

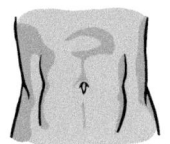
живот
tiyan

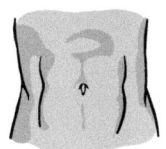
пупок
pusod

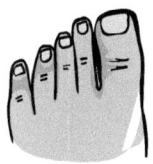
палец ноги
tudlo sa tiil

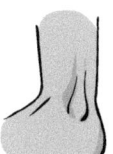
пятка
tikod

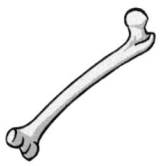
кость
bukog

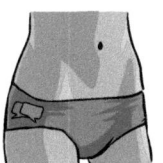
бедро
hawak

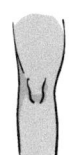
колено
tuhod

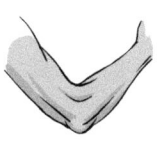
локоть
siko

нос
ilong

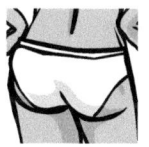
ягодицы
ubos

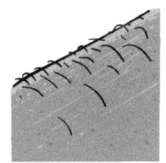
кожа
panit

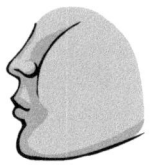
щека
aping

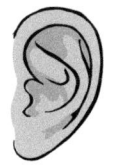
ухо
dalunggan

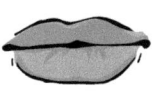
губа
ngabil

тело - lawas

рот
baba

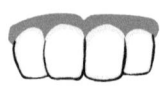
зуб
ngipon

язык
dila

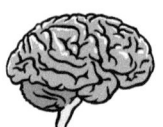
мозг
utok

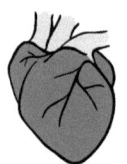
сердце
kasingkasing

мышца
kaunoran

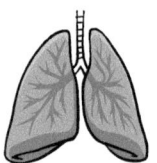
лёгкое
baga

печень
atay

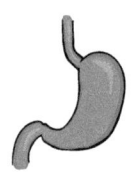
желудок
tiyan

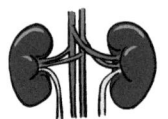
почки
mga kidney

половой акт
sex

презерватив
condom

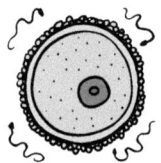
яйцеклетка
binhi

сперма
binhi

беременность
pagmabdos

тело - lawas

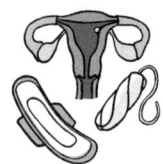		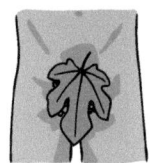
менструация pagregla	вагина bilat	пенис kinatawo
		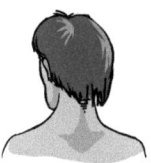
бровь kilay	волосы buhok	шея liog

тело - lawas

больница
ospital

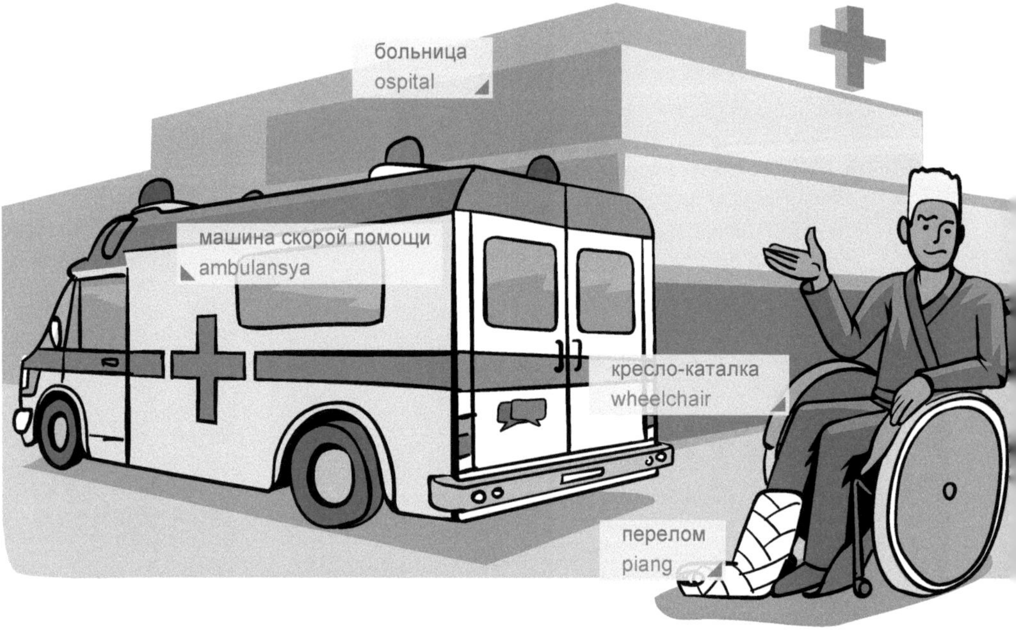

- больница / ospital
- машина скорой помощи / ambulansya
- кресло-каталка / wheelchair
- перелом / piang

врач

doktor

пункт первой помощи

emergency room

медсестра

nurse

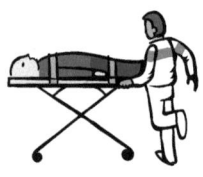

неотложный случай

emergency

без сознания

walay panimuot

боль

kasakit

повреждение
kadaot

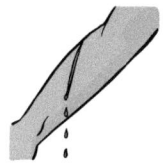

кровотечение
pagdugo

инфаркт
pag-atake sa kasingkasing

инсульт
stroke

аллергия
alerdyi

кашель
ubo

повышенная температура
hilanat

грипп
trangkaso

понос
pagkalibang

головная боль
labad

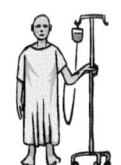

рак
kanser

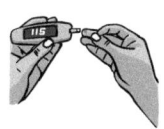

диабет
diabetes

хирург
siruhano

скальпель
scalpel

операция
operasyon

больница - ospital

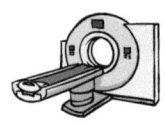
КТ
CT

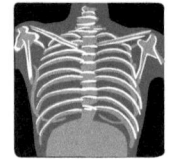
рентген
x-ray

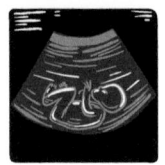
ультразвук
ultrasound

маска
maskara sa nawong

болезнь
sakit

приёмная
hulatanan nga lawak

костыль
sungkod

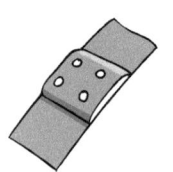
пластырь
plaster

бинт
bandage

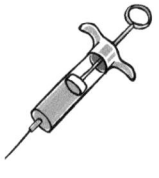
укол
indeyksiyon

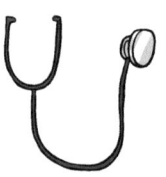
стетоскоп
stethoscope

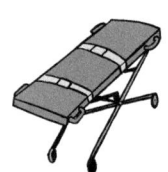
носилки
stretcher

термометр
clinical thermometer

рождение
pagkatawo

избыточный вес
sobra sa timbang

больница - ospital

слуховой аппарат
tabang sa pandungog

дезинфекционное средство
disimpektante

инфекция
impeksyon

вирус
virus

ВИЧ / СПИД
HIV / AIDS

лекарство
tambal

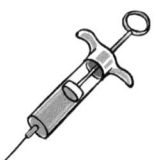

прививка
pagbakuna

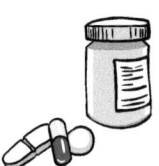

таблетки
papan

противозачаточная таблетка
pildora

экстренный вызов
emergency nga tawag

прибор для измерения кровяного давления
high blood pressure monitor

больной / здоровый
sakit / himsog

больница - ospital

неотложный случай
emergency

Помогите!
Tabang!

сигнал тревоги
alarm

нападение
pag-atake

атака
pag-atake

опасность
kakuyaw

запасной выход
emergency exit

Пожар!
Sunog

огнетушитель
fire extinguisher

несчастный случай
aksidente

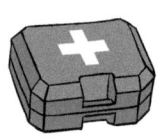

аптечка
first-aid kit

SOS
SOS

милиция
sa kapulisan

земля
yuta

Европа
Europa

Северная Америка
North America

Южная Америка
South America

Африка
Africa

Азия
Asya

Австралия
Australia

Атлантический океан
Atlantiko

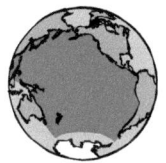
Тихий океан
Pasipiko

Индийский океан
Indian Ocean

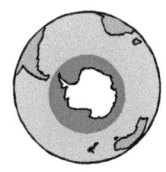
Антарктический океан
Antarctic Ocean

Северный Ледовитый океан
Arctic Ocean

Северный полюс
North pole

земля - yuta

Южный полюс — South pole

Антарктика — Antartika

земля — yuta

суша — yuta

море — dagat

остров — isla

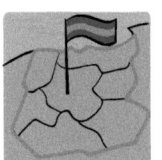 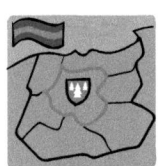

нация — nasud

государство — estado

часы
orasan

циферблат

nawong sa orasan

часовая стрелка

kamot sa oras

минутная стрелка

kamot sa minutos

секундная стрелка

ikaduha nga kamot

Который час?

Unsang orasa na?

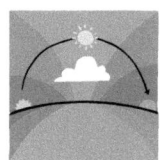

день

adlaw

время

oras

сейчас

karon

электронные часы

digital nga relo

минута

minuto

час

oras

неделя
semana

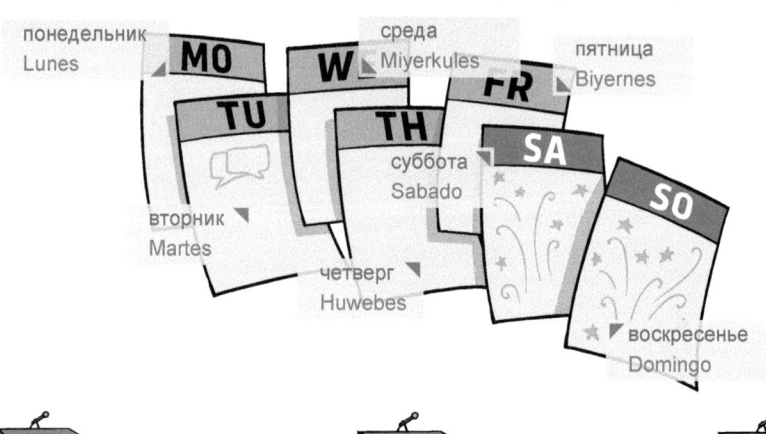

понедельник — Lunes
среда — Miyerkules
пятница — Biyernes
суббота — Sabado
вторник — Martes
четверг — Huwebes
воскресенье — Domingo

вчера
kagahapon

сегодня
karon

завтра
ugma

утро
buntag

полдень
udto

вечер
gabii

рабочие дни
mga adlaw sa negosyo

выходные
katapusan sa semana

год

tuig

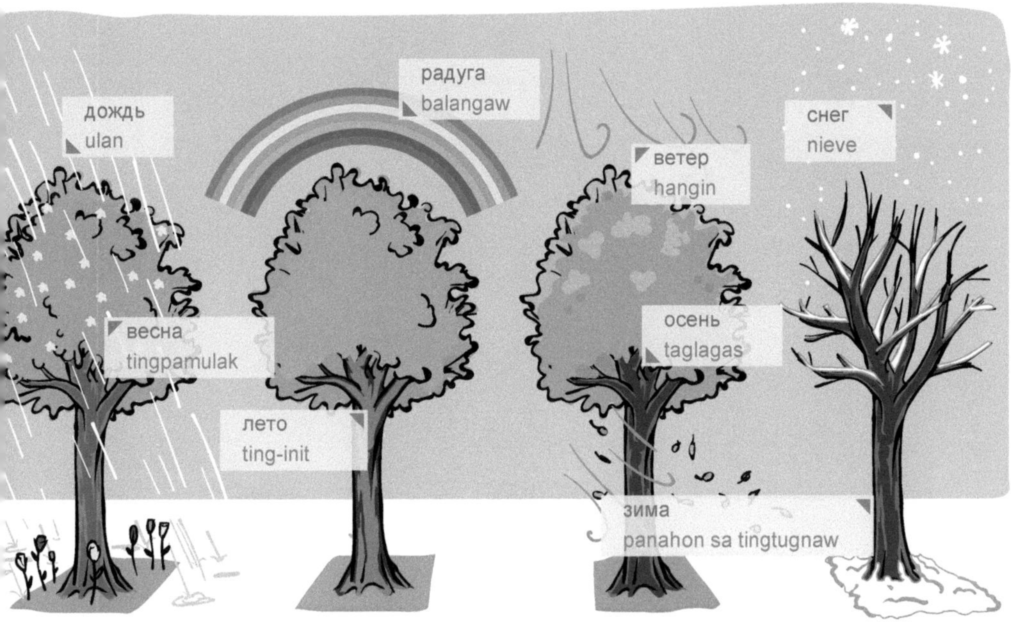

дождь
ulan
радуга
balangaw
снег
nieve
ветер
hangin
весна
tingpamulak
осень
taglagas
лето
ting-init
зима
panahon sa tingtugnaw

4.APRIL 11°
5.APRIL 4°
6.APRIL 13°
7.APRIL 8°
8.APRIL 10°

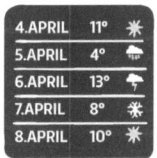

прогноз погоды

gbanabana sa panahon

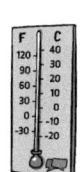

термометр

termometro

солнечный свет

kahayag sa adlaw

туча

panganod

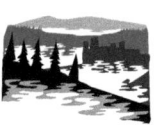

туман

gabon

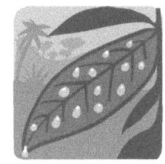

влажность воздуха

kaumog

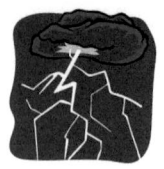
молния
kilat

гром
dalugdog

буря
bagyo

град
ulan nga yelo

муссон
habagat

наводнение
baha

лёд
yelo

январь
Enero

февраль
Pebrero

март
Marso

апрель
Abril

май
Mayo

июнь
Hunyo

июль
Hulyo

август
Agosto

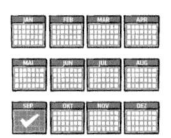

сентябрь

Septyembre

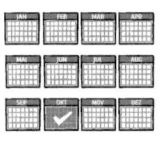

октябрь

Oktubre

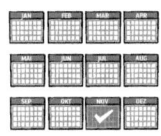

ноябрь

Nobyembre

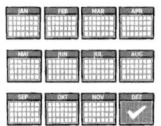

декабрь

Disyembre

формы
mga porma

круг

lingin

квадрат

kuwadrado

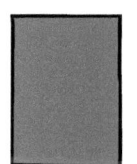

прямоугольник

rektanggulo

треугольник

trianggulo

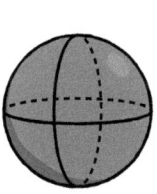

шар

palingin

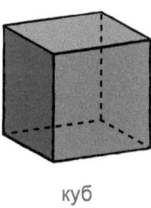

куб

kyub

цвета
mga kolor

белый	желтый	оранжевый
puti	dalag	dalag

розовый	красный	лиловый
rosas	pula	ube

синий	зелёный	коричневый
asul	berde	kolor kape

серый	черный
grey	itom

противоположности
kaatbang

много / мало
daghan / gamay

яростный / мирный
nasuko / kalma

красивый / уродливый
matahum / mangil-ad

начало / конец
sugod / katapusan

большой / маленький
dako / gamay

светлый / тёмный
mahayag nga / mangitngit

брат / сестра
igsoon nga lalaki / igsoon nga babaye

чистый / грязный
hinlo / hugaw

полный / неполный
bug-os nga / dili kompleto

день / ночь
adlaw / gabii

мёртвый / живой
patay / buhi

широкий / узкий
lapad / pig-ot

съедобный / несъедобный	злой / дружелюбный	взволнованный / скучающий
makaon / dili makaon	dautan / maayo	naghinam-hinam / gilaayan

толстый / худой	сначала / в конце	друг / враг
tambok / niwang	una / katapusan	higala / kaaway
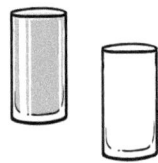		
полный / пустой	твёрдый / мягкий	тяжёлый / лёгкий
puno / walay sulod	gahi / humok	bug-at / gaan

голод / жажда	больной / здоровый	незаконный / законный
kagutom / kauhaw	sakit / himsog	iligal / ligal
	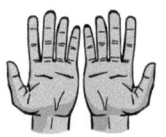	
умный / глупый	слева / справа	близко / далеко
intelihente / hungog	wala / tuo	duol / layo

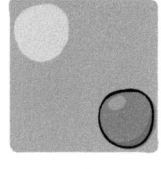

новый / подержанный
bag-o / gigamit

ничто / нечто
wala / naa

старый / молодой
tigulang / bata

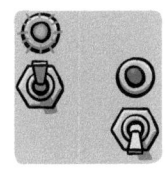

включено / выключено
naka-on / naka-off

открыто / закрыто
ablihi / sirado

тихо / громко
hilum / kusog

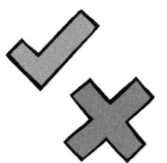
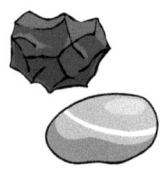

богатый / бедный
dato / pobre

правильный / неправильный
tama / sayup

шероховатый / гладкий
bagis / hapsay

печальный / счастливый
masulub-on / malipayon

короткий / длинный
mubo / taas

медленный / быстрый
hinay / dali

мокрый / сухой
basa / uga

тёплый / прохладный
init / bugnaw

война / мир
giyera / kalinaw

цифры
mga numero

0 ноль — zero

1 один — usa

2 два — duha

3 три — tulo

4 четыре — upat

5 пять — lima

6 шесть — unom

7 семь — pito

8 восемь — walo

9 девять — siyam

10 десять — napulo

11 одиннадцать — napulo ug usa

12

двенадцать
napulo ug duha

13

тринадцать
napulo ug tulo

14

четырнадцать
napulo ug upat

15

пятнадцать
napulo ug lima

16

шестнадцать
napulo ug unom

17

семнадцать
napulo ug pito

18

восемнадцать
napulo ug walo

19

девятнадцать
napulo ug siyam

20

двадцать
kawhaan

100

сто
ka gatus ka

1.000

тысяча
ka libo ka mga

1.000.000

миллион
milyon

цифры - mga numero

ЯЗЫКИ
mga pinulongan

английский

Iningles

американский английский

Iningles sa Amerika

мандаринский китайский

Chinese Mandarin

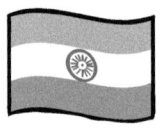

хинди

Hindi

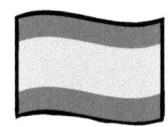

испанский

Kinatsila

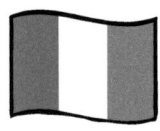

французский

Pransiya

арабский

Arabiko

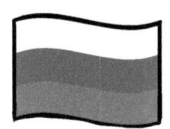

русский

Russian

португальский

Portuguese

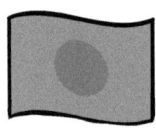

бенгальский

Bengali

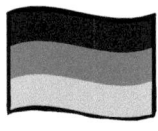

немецкий

German

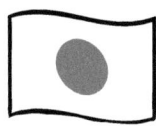

японский

Hapon

кто / что / как
kinsa / unsa / unsaon

я
Ako

ты
ikaw

он / она / оно
siya / kini

мы
kami

вы
ikaw

они
sila

кто?
kinsa

что?
unsa

как?
giunsa

где?
diin

когда?
kanus-a

имя
ngalan

где
diin

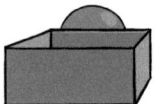

за

sa luyo

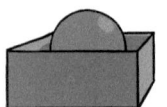

в

sa

перед

sa atubangan sa

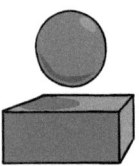

над

itaas sa

на

sa

под

ilawom sa

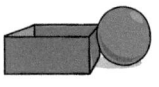

рядом

tapad

между

taliwala sa

место

lugar